Panda

Futa Fata

Tá mé ag fás
Panda

Scríofa agus curtha in eagar ag Fleur Star agus
Lorrie Mack
Deartha ag Bookwork agus Gemma Fletcher
Eagarthóir clúdaigh: Mariza O'Keeffe
Eagarthóir léiriúcháin: Sean Daly

Foilsitheoir Léiriúcháin: Susan Leonard
Stiúrthóir ealaíne: Rachael Foster

Comhairleoir: Sarah M. Bexell, PhD,
Stiúrthóir Oideachas Caomhnaithe ag
Ionad Taighde na bPandaí Móra, Chengdu.
Grianghraif Chengdu: Zhang Zhihe, PhD,
Stiúrthóir, Ionad Taighde na bPandaí
Móra, Chengdu.

Leagan Gaeilge: Tadhg Mac Dhonnagáin

www.panda.org.cn

Foilsithe den chéad uair sa Bhreatain Mhór
ag Dorling Kindersley Limited, 80 Strand,
Londain WC2R ORL

Cóipcheart © 2008 Dorling Kinderlsey Limited

An leagan Gaeilge © 2010 Futa Fata

ISBN: 978-1-906907-14-3

Ba mhaith le Futa Fata buíochas a ghabháil le COGG,
An Chomhairle um Oideachas Gaeltachta
agus Gaelscolaíochta, a thacaigh le foilsiú
an leabhair seo.

An Chomhairle um Oideachas
Gaeltachta & Gaelscolaíochta

Clár

Is panda mór mise

Tá cónaí sa tSín orm. Tá cóta tiubh dubh agus bán orm. Caithim leath an lae ag ithe bambú. Caithim an chuid eile den am i mo chodladh nó ag spraoi – díreach ar nós tú féin!

Bím ag éisteacht!
Tá cluasa iontacha ar phanda. Sin é an fáth go mbíonn sé deacair teacht ar cheann – cloiseann sé daoine ag teacht agus imíonn sé i bhfolach. Tá srón iontach chomh maith air.

Tá fionnadh, nó cóta álainn tiubh ar an bpanda. Coinníonn sé te teolaí é.

Anois cas an leathanach go bhfeicfidh tú ag fás mé

Fionnadh ar a chosa
chun siúl ar an sneachta
sleamhain agus ar
charraigeacha arda.

Fiacla géara chun
an bambú a ithe.

5

🐼 Seo é mo bhaile

Tá cónaí ar an bpanda mór sa tSín, thuas sna sléibhte, áit a bhfásann an bambú. Is é an bambú an bia is deise leis an bpanda mór.

Seo í Jing Jing.

In Ionad Panda Chengdú a rugadh í. Is ann atá cónaí ar a mamaí agus ar a daidí chomh maith. Tugann na daoine atá ag obair ann aire di freisin.

Ag ligean scíthe

Ligeann pandaí a scíth i measc na bplandaí bambú nó sna carraigeacha. Ligeann pandaí óga a scíth sna crainn.

Bíonn sé an-fhuar sa gheimhreadh thuas sna sléibhte.

Seo í mo mhamaí

Ya Ya is ainm do mhamaí Jing Jing. Nuair a rugadh Jing Jing, thóg an dochtúir ainmhithe, an tréidlia, an panda beag uaithi, chun í a mheá. Thug sé ar ais do Ya Ya ansin í.

🐼 Panda beag amháin nó dhó a thagann ar an saol de ghnáth.

🐼 Fanann an babaí panda lena mhamaí ar feadh ocht mí dhéag, uaireanta níos faide ná sin.

🐼 Tógann sé cúig bliana ar phanda baineann fás suas. Seacht mbliana a thógann sé ar cheann fireann.

Is breá liom grán ó mo mhamaí!

An chéad chúpla lá

Bíonn panda nuabheirthe beag bídeach – an fad céanna le peann luaidhe!

Tar éis cúig lá dhéag, dath bándearg is mó atá ar mo chraiceann go fóill.

…Ach cúig lá ina dhiaidh sin arís, feiceann tú an áit a mbeidh fionnadh dubh orm.

De réir mar a fhásaim, meánn an tréidlia mé. Ansin, bíonn sé cinnte go bhfuilim ag ithe mo dhóthain.

Tá mé dhá mhí d'aois

Na pandaí atá fásta suas, cónaíonn siad astu féin. Tugann an mhamaí aire dá babaí panda nuair a bhíonn sé beag. Ní chónaíonn an daidí leo.

Níl mé in ann siúl fós. Fanaim in aice le Mamaí.

Am luí

Caitheann babaí panda go leor dá chuid ama ina chodladh – díreach cosúil leat féin nuair a bhí tú an-bheag. Caitheann panda fásta leath dá chuid ama ina luí.

Mamaí mhaith

Ní hí Jing Jing an chéad bhabaí a bhí ag Ya Ya. Tá a fhios go maith aici conas aire a thabhairt dá babaí beag nua!

Suas sa chrann liom!

Cosa gearra atá orm, ach tá siad breá láidir. Bhí sé deacair i dtosach, ach anois tá mé in ann mé féin a tharraingt suas agus fanacht thuas go hard! Beirim ar na géaga le mo chrúba géara.

Slán sábháilte

Caitheann pandaí go leor ama thuas sna crainn. Bíonn siad slán sábháilte iontu ó chreachadóirí – ainmhithe eile a bhíonn ag iarraidh pandaí a mharú.

Uaireanta, bíonn na buachaillí ag troid faoi na cailíní! Fanann an panda baineann thuas, ag féachaint orthu.

13

Am dinnéir

Anois tá mé ocht mí d'aois. Tá mé tosaithe ar bhambú a ithe. Taispeánann mo Mhamaí dom conas é a ithe. Caithim an chuid is mó den lá ag ithe agus ag ligean mo scíthe.

An raibh a fhios agat?

. . . .

🎋 Tá bambú in ann fás 1 m in aghaidh an lae. Tá sé sin tapa!

🎋 Fásann bambú in áiteanna atá te, fuar, ard agus íseal.

🎋 Tá na céadta cineálacha bambú sa tSín.

Uisce le hól
Cónaíonn pandaí in aice abhann go minic, ionas go mbeidh neart uisce le hól acu.

Neam neam! Bambú álainn, blasta!

Is iad na gais óga bambú is deise.

Am Spraoi

Is breá le panda óg a bheith ag sprao
lena mhamaí. Bíonn sé ag foghlaim
ón spraoi ag an am céanna.

Is breá liom an luascán!

Thuas anseo atá mé!

Súgradh agus Foghlaim

Ag ionad na bPandaí in Chengdu, tá fráma dreapadóireachta ag Jing Jing. Bíonn sí ag foghlaim conas dreapadh agus é ag súgradh air.

17

An saol in Chegdu

In Ionad Taighde na bPandaí Móra in Chengdu, sa tSín, tá daoine ag foghlaim conas cabhrú leis na pandaí. Tá 47 panda san ionad.

I lár na Síne atá Chengd[...] Níl sé i bhfad ón gcatha[...] ach tógadh é le bheith cosúil le foraois, áit a gcónaíonn pandaí fiáine[...]

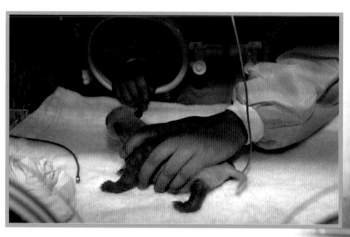

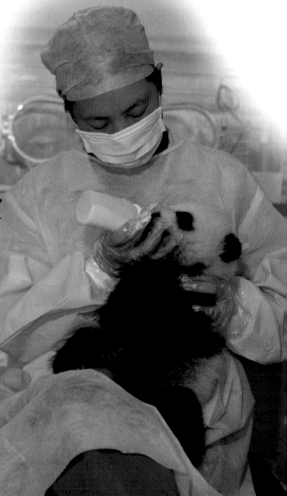

Ag tabhairt aire do na pandaí

Bíonn foireann mhór daoine ag tabhairt aire do na pandaí an t-am ar fad. Bíonn tréidlia, dochtúir na n-ainmhithe, ag tabhairt aire dá sláinte. Bíonn maor ag tabhairt bia dóibh agus ag spraoi leo.

Gairdín

In Chengdu, tá gairdín ag gach panda. Tá fráma dreapadóireachta ann, linn uisce agus bréagáin. Astu féin a chónaíonn na pandaí fásta. Cónaíonn pandaí óga le chéile, uaireanta.

Jing Jing

Rugadh Jing Jing in Ionad Chengdu i 2005. Roghnaíodh í mar shiombail speisialta na gCluichí Oilimpeacha a bhí ar siúl i mBéising, sa tSín, i 2008.

Dhá bhliain d'aois a bhí Jing Jing nuair a scríobhadh an leabhar seo. Roinneann sí a gairdín le dhá phanda óga eile. Ach níl sí sásta a cuid bambú a roinnt le héinne!

Pandaí nua ag teacht ar an saol

Tá níos lú ná 1,900 panda fiáine fágtha ar domhan.
Cabhraíonn Ionad Chengdu iad a chaomhnú
mar go rugtar go leor pandaí beaga ann.

Seo cuid den
12 panda a
rugadh i 2006.

Oideachas

In Chengdu, bíonn cuairteoirí ag foghlaim faoin gcaomhnú – sin conas aire a thabhairt don phláinéad álainn seo agus na rudaí beo ar fad atá ann.

Babaithe go leor!

Tá Jing Jing ar cheann de na 45 panda a rugadh in Chengdu ó 2000 i leith – go dtí seo!

Jab saoil

Tá 240 panda ar domhan a rugadh in ionaid a rinne daoine. Tá cabhair á tabhairt do na pandaí baineanna coileáin a bheith acu. Lá éigin, beidh Jing Jing ina mamaí chomh maith!

Casann ciorcal na beatha timpeall agus timpeall

Anois tá a fhios agat conas ar chas mé isteach i mo phanda fásta suas.

Foclóirín

Bambú
Cineál féir an-ard é. Gais chrua a bhíonn air agus iad folamh sa lár.

Fionnadh
An cóta trom a choinníonn ainmhí te teolaí

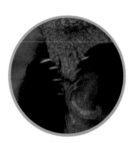

Crúb
Ceann de na hingne géara, gearra ar lapa ainmhí.

Caomhnú
Aire a thabhairt don phláinéad agus do na hainmhithe atá ann.

Coileán
Béar óg, (nó sionnach, nó leon) nach bhfuil bliain amháin d'aois fós.

Creachadóir
Ainmhí a mharaíonn agus a itheann ainmhithe eile

Creidiúintí

Ba mhaith leis an bhfoilsitheoir buíochas a ghlacadh leo seo a leanas faoina gcaoinchead a gcuid grianghraf a fhoilsiú: (Eochair: u-uachtar; í-íochtar; l-lár; c-clé; d-deis; af-ar fad)

Alamy Images: Steve Bloom Images c, 6-7; LMR Group 22lcí; Keren Su/China Span 2-3; Andrew Woodley 5ud; Anna Yu 24ldí; Ardea: M. Watson 22lí; Ionad Taighde Chengdu www.pandaphoto. com; Zhang Zhihe 4ldí, 6ld, 9l, 9lu, 10-11, 11lu, 11ld, 11uc, 12, 13lcu, 13lcí, 13d, 13uc, 14íd, 14lc, 14-15, 16, 16uc, 17d, 17uc, 18íd, 18lc, 18ud, 19íd, 19lcí, 19uc, 20-21, 21ld, 21uc, 22l, 22ld, 22ud, 23, 24íd, 24lcu, 24lcí, 24ldu, 24ud. Corbis: Brooks Kraft 22ldí, Phototex/epa 22lc, Reuters/Henry Romero 22uc. FLPA: Gerry Ellis/Minden Pictures 5lcu, 6lcí, 8-9, 9íd, 9ud. OSF: Mike Powles 4lc. PA Photos: AP Photo/Color China Photo 20lc. Photoshot/ NHPA: Gerard Lacz 4-5.

Pictiúir chlúdaigh: Tosach: Ardea: M. Watson uc. Getty Images: The Image Bank/Danielle Pellegrini ud, Minden Pictures/Gerry Ellis udaf. Cúl: Alamy Images, LMR Group líaf. Ardea: M. Watson lí. Chengdu l, ld, ul, ud. Corbis: Brooks Craft ldí; Phototex/epa lc; Reuters/ Henry Romero uc. Getty Images: Minden Pictures/Cyril Ruosa/JH Editorial (cl) Droim: Getty Images: The Image Bank/Danielle Pellegrini.

Gach íomhá eile © Dorling Kinderley. Tuilleadh eolais: www.dkimages.com